679 834

LA FRANCE

ET

LA GRANDE-BRETAGNE

UNIES.

LA FRANCE

ET

LA GRANDE-BRETAGNE

UNIES.

Terræ marisque connubium.

PARIS,
PONTHIEU ET COMPAGNIE, PALAIS-ROYAL.
LEIPSIG,
PONTHIEU, MICHELSEN ET Cie.
1828.

AVERTISSEMENT.

La proposition, singulière peut-être, mais importante, qui est l'objet de cet ouvrage, nous a engagés à l'écrire d'abord en anglais, et à en donner ensuite cette traduction française. Nous pensons que les circonstances qui paraissent devoir affermir en France le gouvernement représentatif ne peuvent qu'ajouter à l'intérêt de sa publication.

L'événement de Navarin qui a signalé l'accord des deux nations jusqu'alors rivales, mais unies maintenant par un régime politique semblable, consolidé par l'opinion éclairée et générale, doit contribuer, avec le rétablissement de la liberté de la presse, à sceller l'union et la fraternité des deux peuples.

Nous avons joint, dans cette vue, à l'ouvrage une note qui s'y rattache, et qui a pour objet d'assurer cette même liberté en indiquant le moyen légal d'en réprimer les abus sans blesser un droit si essentiel et si cher à la France.

LA FRANCE

ET

LA GRANDE-BRETAGNE UNIES.

Terræ marisque connubium.

On ne saurait bien juger de l'état politique de la France et de la Grande-Bretagne, ni en apprécier la position relative, si l'on ne jette, d'abord, un coup-d'œil rapide sur la condition morale et politique de l'Europe entière.

Autrefois les peuples étaient gouvernés par la sagesse ou par le caprice des princes : maintenant ils le sont par l'esprit public, qui dirige, et doit nécessairement diriger la marche du pouvoir. Les ministres d'état, qui ambitionnent le succès et la renommée, ne doivent donc point chercher à résister à cet esprit, mais à le suivre, ou tout au plus à le guider, parce que la stabilité des gouvernemens et la prospérité des nations en dépendent.

Plusieurs causes, et des causes bien différentes dans leur nature, ont contribué à donner, en quelque manière, une âme à l'Europe. — Cette âme a son siége dans la masse de l'opinion et de la volonté publique, et doit naturellement en dominer les actions et les mouvemens.

Parmi ces causes, nous comptons un état de civilisation plus répandu et mieux senti que dans les siècles qui ont précédé ; une augmentation des connaissances et des besoins de la société; un sentiment général de cette force par laquelle un esprit ferme maîtrise les faibles; l'exemple de deux grandes révolutions, qui se sont, en partie, ressemblé dans leurs bienfaits, leurs excès et leurs conséquences (1); les découvertes de la navigation, et les richesses immenses du commerce; une ambition ardente d'arriver au pouvoir et aux honneurs, qui s'est emparée de chacune des classes ; et le penchant

---

(1) On parle de la révolution de France, et de la rébellion d'Angleterre contre Charles Ier, qui se termina par le rétablissement de Charles II.

à un luxe effréné, qui les égare toutes sans distinction; l'établissement des armées tenues constamment sur le pied de guerre; et tous les autres événemens, qui ont contribué à l'organisation financière des dettes publiques des gouvernemens, et ont, par cela même, rendu la puissance des rois, et, en grande partie, les fortunes des individus dépendantes du crédit public et des spéculations des grands capitalistes.

D'autres causes, en outre, plus pures et plus élevées, ont également concouru, à établir cette puissance de l'opinion, que j'appelle l'âme de l'Europe moderne; savoir: les vérités du christianisme mieux connues; les efforts des sociétés bibliques, morales et philanthropiques pour répandre ces vérités; l'influence des vrais philosophes chrétiens, qui forment un corps uni en esprit, quoique différant quelquefois dans les formes. — C'est un jugement bien formidable que celui qui émane de la pensée d'hommes réfléchissant dans la candeur de leur âme, dans le calme des passions, dans la sagesse de leur esprit : inconnus les uns aux autres personnellement, et vivant sous des zones éloignées, ils parlent pourtant le même langage. — Ces sages et zélés voyans de nos jours, comme les prophètes des siècles reculés, dévoilent, de temps en temps, dans leurs écrits, les faiblesses, les erreurs et les crimes des grands et des peuples : ils en découvrent les périls, en provoquent le repentir, et indiquent les moyens d'une réparation indispensable. La voix de ces hommes retirés et paisibles est l'organe par lequel cette âme de l'Europe, dont j'ai parlé, se manifeste d'un ton doux, mais posé, ferme, et tel que nulle puissance malfaisante ne saurait l'étouffer.

Tous les faits qui ont établi ce principe grand et actif, ne doivent pas non plus leur existence au hasard. Les nations parcourent leur carrière guidées par la Providence; et l'homme travaille, dans l'époque actuelle, à recueillir en connaissances solides la nourriture qui doit le soutenir dans les épreuves dont le règne du Christ, suivant l'Ecriture, sera précédé.

On est cependant forcé d'admettre que dans la classe inférieure en esprit, qui se fatigue à courir après les dignités, soit civiles, soit militaires, soit même ecclésiastiques, le déisme règne en principe, et que dans la masse avide des richesses, et livrée aux vicissitudes de la vie commerciale, il se trouve établi par l'insouciance. Et c'est justement dans l'état où les revers arrivent le plus fréquemment, et où les consolations du christianisme seraient les plus utiles, qu'elles sont le plus négligées. Pourquoi cela? parce que les ministres de l'Eglise, et particulièrement ceux qui sont sujets à l'autorité de la cour de Rome, s'occupent beaucoup plus du matériel du culte que de l'esprit de la religion. Malgré cela, le nombre des vrais ouvriers qui travaillent à la vigne du Seigneur, augmente journellement, et les fruits s'en font apercevoir: la lumière se répand; et lorsque des circonstances graves, soit particulières, soit générales, portent les hommes de notre temps à réfléchir, il est rare qu'ils se trompent en fait de religion ou de gouvernement. Ils sentent alors qu'il faut indispensablement que toute société soit gouvernée par une loi pareille à celle qui régit le monde, une loi qui entretienne le mouvement et qui le retienne dans ses bornes: cette loi est la subordination, mère de l'ordre; elle assure l'indépendance des classes et des particuliers qui les composent, parce qu'elle met des barrières aux débordemens des passions, soit des masses soit des individus(1). C'est là notre sauvegarde et le garant de notre liberté: car le genre humain étant tout placé sur les différens degrés d'une échelle, comme celle que vit Jacob, touchant au ciel et à la terre; si cette échelle venoit à être ébranlée, ceux qui sont au rang le plus élevé essuieraient la chute la plus dangereuse : mais personne ne pourrait échapper sans dommage.

(1) Le sentiment du devoir existe nécessairement dans l'homme, parce que tout le système de l'univers consiste dans la subordination, ou la dépendance relative, entre tous les êtres. Sans l'action permanente de cette loi, le monde ne pourrait subsister. — Un anneau brisé dans cette chaîne, laisserait tout en désordre; et si un individu pouvait changer le principe de sa propre existence, il détruirait l'harmonie de la nature. — L'homme est libre ; mais sa liberté doit être circonscrite. — Hors de ses limites, elle est, nécessairement, frappée d'impuissance pour le salut général. — Tel est le coup dont il dut être atteint, aussitôt qu'il se fut retiré de la volonté divine, qui devait constituer sa *force*, sa *vie* et sa *loi*. — La main prévoyante de l'Éternel l'arrêta dans sa carrière. — Ce fut là sa première mort, conséquence de sa chute. — Il lui reste, encore, le désir de s'élancer au-delà de ses limites; la rage du pouvoir le tourmente; mais il est enchaîné.

De toutes les questions qui, durant plus de trente années de troubles et de guerre, ont été agitées parmi les nations, soit relativement à leurs intérêts, soit par rapport aux principes constitutifs des gouvernemens européens, il en est une qui a fortement réclamé et qui réclame encore l'attention des philosophes et des législateurs.

Cette question qui tire sa grande importance de ce qu'elle se rattache aux sources immédiates de tout pouvoir, est, *si les princes qui gouvernent tiennent leur puissance de la volonté des peuples ou de la grâce de Dieu.* Une telle question, dont la seconde partie semble n'être qu'une formule consacrée par l'usage, est éminemment européenne : elle intéresse les nations éclairées, et les circonstances des temps actuels ; et de sa décision dépend la connaissance des devoirs imposés à tout gouvernement par la puissance *suprême* qui est censée le constituer.

Si l'on a rencontré des difficultés, et si l'on a conçu des doutes dans l'examen de cette question, c'est qu'on l'a considérée uniquement comme une question de droit, au lieu de rechercher, dans la vie des nations, les faits par lesquels elle a été dès long-temps décidée.

Sur le principe de droit, je ferai cette seule question : quelle est la génération qui a été autorisée, et *par qui*, à porter une loi pour les générations futures, et à leur imposer des maîtres, des obligations, des services, si cette autorisation n'est dérivée d'une puissance supérieure aux hommes?

Mais, venons au fait. Quelle est l'évidente vérité que nous fournit l'histoire du genre humain? Souvent l'épée d'un conquérant a été changée par la Providence en un sceptre d'un roi pacifique; et la hardiesse d'un chef de parti, tempérée par un succès heureux, a fait un prince père de son peuple : l'humilité des apôtres a été élevée à la suprématie d'un pontife. La reconnoissance des nations a quelquefois récompensé le mérite, en le plaçant sur le trône qu'il avait mérité; et, plus souvent encore, le pouvoir a passé d'une race à une autre par les liens du mariage : mais toutes ces vicissitudes dans l'histoire humaine ne sont que les effets des jugemens de la toute-puissance sur les siècles présens, et les voies qu'elle prépare pour les temps à venir. — Les faits, les moyens, varient; mais ils servent tous au même but. Les principes seuls, qui ne changent jamais, indiquent la main du Tout-Puissant. C'est par-là que le *droit suprême*, que la *volonté de la loi*, que l'*ordre qui en résulte* EST un et inaltérable. C'est la *pensée*, la *parole*, la *manifestation*, concentrées dans l'unité ; — l'origine de l'existence dans l'éternité. — De cette unité, qui est l'Etre par excellence, tout découle, et tout pouvoir lui appartient.

Ainsi les législateurs humains, réunis même en un corps représentatif des nations, ne sont qu'un organe, par lequel la loi divine est sollicitée et proclamée aux peuples. — Ils n'ont aucune force, aucune puissance, qui soit à eux, ni à ceux qui les ont délégués. — Leur volonté ne fait point la loi. Les lois sont RÉVÉLÉES : qu'on nous permette cette expression. — Quelques-uns en sont choqués : mais pourquoi? N'implorons-nous pas l'Esprit saint à la convocation de nos assemblées? Plût à Dieu qu'on l'invoquât avec un cœur sincère ! il ne manqueroit pas de nous inspirer; mais nos vices, nos passions, et nos crimes, nous ont privés de la parole efficace de la prière.

Oui, les véritables, les justes lois sont *révélées* aux législateurs. Il y a sans doute des lois qui sont suggérées par la passion et par le principe du mal, parce que ce principe veut aussi régner. C'est pour cela qu'il faut que les législateurs les examinent toutes, d'après les règles de la droite raison, qui dérive de Dieu; qu'ils les acceptent, lorsqu'ils y découvrent la nature et les signes de la révélation divine : autrement, il faut qu'ils les rejettent. Mais du moment que le législateur croit que l'autorité suprême est en lui, il devient rebelle. — La loi qu'il imposerait alors, serait une usurpation; et celle de la mort, s'il la prononçait, serait un meurtre. Il n'est que l'instrument de la législation : il ne saurait conférer de pouvoir, qu'à ce titre d'interprète de la loi, qui commande la justice et le bien, parce que Dieu veut ce qui est juste et bon, dont il est le principe.

Nos philosophes et nos politiques commettent également une grande faute: les premiers, en appelant le peuple *souverain;* les derniers, en prononçant les mots *le roi le veut* pour la sanction des lois dans les parlemens. C'est Dieu seul qui est le souverain; et c'est lui seul qui veut, parce que les événemens dépendent de lui. — Les rois ne peuvent qu'ordonner l'exécution de la volonté de Dieu, exprimée dans les lois.

Les rois donc et les princes règnent par la grâce, c'est-à-dire par la volonté de Dieu, sous-entendue ou exprimée par la voix des nations. C'est par cela même que cette voix est auguste et imposante.

Mais si les rois sont placés par la grâce de Dieu, pour diriger et gouverner les peuples, combien ne doit point être sévère le jugement auquel ils sont soumis, pour la charge des graves devoirs que leur imposent non-seulement les lois interprétées et écrites par les hommes, mais aussi les décrets de la Divinité, qui ne font point partie des codes des nations, mais pour l'exécution desquels les nations peuvent être, et sont quelquefois appelées par la Providence à se prononcer.

Et si l'on examinait, d'après de tels principes, la conduite des puissances européennes sur des faits et des circonstances qui ont excité de notre temps, dans la chrétienté, les sentimens les plus vifs de justice, d'humanité et de pitié pour l'état affreux de cette malheureuse Grèce, quel est le jugement qu'on devrait en porter, et qui est déjà gravé en lettres indélébiles sur le grand livre des rétributions de l'Eternel ?

Une sainte alliance a été formée par les puissances de la terre, pour le soutien de la religion et de la morale du Christ : car quel autre objet pouvait-elle avoir en vue en prenant un nom si auguste? Cette alliance sainte s'est constituée sous les auspices de la Trinité toute-puissante, qu'elle a prise en témoignage de la sincérité de ses engagemens envers elle-même, le monde et Dieu. Un pontife, chef d'une grande partie de l'Église du Christ, du Dieu de charité et d'amour, chargé de diriger dans la voie chrétienne les âmes des grands et des rois, comme celles des simples fidèles, devait proclamer hautement leur devoir de maintenir la paix, et de prévenir ou d'empêcher tout ce qui pouvait la troubler parmi les peuples de l'Europe. Cependant les rois et le pontife sont restés inactifs, calmes, et ont paru insoucians et livrés à leurs délassemens ou à leurs plaisirs, tandis que le sang d'une nation chrétienne, le sang des défenseurs indomptés de la croix, qui combattent pour leur liberté native et leur existence, inondait les plaines de la Grèce; et une race de héros, conservée, quoique sous le joug de la tyrannie, pendant des siècles, est livrée à la démoralisation par les effets d'une guerre atroce, et par l'excès de la misère et du désespoir.— Et on leur en fait maintenant un crime!! La mère de la civilisation et du christianisme de l'Europe a été abandonnée pendant six ans, par les gouvernemens européens, à la fureur des ennemis de l'Europe. — Athènes! tu es tombée! Tu es foulée aux pieds par les barbares du nord de l'Asie! Le nom seul, et les pierres de cette cité illustre, exigeaient, à titre de reconnaissance, la protection de l'Europe entière. Mais non, les villes ont été rendues désertes, les temples démolis, les vieillards, les femmes, les enfans, laissés en proie à la violence et à la férocité des musulmans. Ces barbares ont assouvi, par les crimes les plus dégoûtans, leur rage effrénée et sanguinaire, sur une nation vouée à la dégradation et au massacre. — Pendant six longues années, pas un effort de la Sainte-Alliance, pas même un vœu, *une prière* au Père de miséricorde, pour la suspension de tant d'horreurs, pour le salut de tant de victimes!! Les princes sont restés dans l'immobilité, les ministres des autels dans le silence! Pour quelle époque seront donc réservées nos larmes, nos supplications, nos pénitences? Malheur à nos villes, à nos assemblées égarées et corrompues par les jeux, la joie mondaine, les vanités frivoles, les soins tumultueux, et les vices! Je crains le temps de la punition, que nous n'avons que trop méritée. — Je crains cette main toute-puissante, que nous avons dédaigné d'implorer dans la cause de l'innocence et de l'humanité chrétienne.

Mais ne perdons pas de vue le principal objet de cet ouvrage, quelque entraînés que nous soyons par ces sentimens d'amertume et de commisération, auxquels toute âme sensible doit participer, à moins qu'on ne cherche à étouffer jusqu'aux dernières étincelles de justice, sous le manteau d'une fausse et lâche politique. O Missolonghi! O Athènes! votre chute et notre indifférence feront l'étonnement des siècles futurs, comme ils font la honte du nôtre.

Mais trois grandes puissances, enfin, se sont rendues aux appels de l'honneur et de la religion ; elles se lèvent pour ordonner l'exécution de cette loi suprême, qui veut la conservation des justes droits de l'humanité, et qui menace d'une vengeance divine et irrésistible la longue tyrannie oppressive et destructive de ces droits.

Toutefois, les difficultés et les dangers que présente cette grande crise, n'échappent point à l'observateur le plus superficiel. Lorsque le glaive de la guerre est levé, même pour arrêter le désordre et s'opposer à la tyrannie, il est quelquefois difficile d'empêcher que des motifs moins purs ne viennent à en diriger les coups contre leur première destination, ou qu'ils ne le tiennent levé au-delà du temps prescrit par de justes limites. Dans cette position critique, quel est celui qui ne sent pas que la destinée de l'Europe dépend de l'unité de vues et d'action dans les cabinets de Londres et de Paris, arbitres du salut des autres nations comme des leurs?

Mais si leur influence est des plus puissantes dans les affaires de la Turquie, de la Grèce et de la Russie (car la position géographique, et l'histoire politique de ce dernier empire, ne nous permettent point d'envisager la politique de son cabinet sous le même point de vue que celle de la France et de l'Angleterre), que dirons-nous de l'importance de leur décision, dans les circonstances affligeantes où se trouve la Péninsule? Les yeux de l'Europe ont été, pendant quelque temps, fixés sur ces puissances avec un grand empressement, parce que les querelles de l'Espagne et du Portugal ont soulevé des questions bien graves et bien difficiles, qui touchent directement à la liberté des individus et à l'indépendance des nations placées dans cette circonstance presque en opposition l'une à l'autre ; car toute force ou influence étrangère, pour le maintien des droits individuels, tend à détruire l'indépendance nationale. Nous posons seulement le fait, sans vouloir déclarer notre opinion sur cette question : mais peut-on considérer, avec un esprit calme, l'état déplorable de cette Péninsule ? En effet, la condition de l'Espagne et celle du Portugal ne diffèrent pas extrêmement entre elles. Les malheurs de l'Espagne sont néanmoins les plus graves ; l'agriculture négligée, le commerce détruit, un trésor sans ressources, une armée en désordre et impuissante, une politique sans principes, une administration dénuée de la force et des connaissances nécessaires à un gouvernement, tous les liens de l'état civil relâchés ou brisés, et conséquemment tout principe d'honneur et de justice méprisé ; un clergé que les préjugés aveuglent, et qui, armé par la superstition, abuse de la religion, et en fait un instrument pour tromper et opprimer le prince et les peuples, et pour satisfaire des passions sanguinaires : c'est enfin une conjuration de tous les élémens les plus pervers qui paraissent dégrader une nation. L'esprit public, dans cette perturbation affreuse, pareil à une mer agitée par la fureur des vents contraires, menace le pilote d'un naufrage inévitable, quel que soit le port auquel il se dirige (1).

(1) Quel contraste entre la situation où se trouve l'Espagne, et celle du royaume des Pays-Bas!! Ces contrées ont appartenu pourtant, une fois, au même souverain. — Mais l'une secoua le joug de la tyrannie, et elle a depuis, plus ou moins, joui d'une liberté légale. L'autre est restée sujette à un gouvernement arbitraire, et on veut maintenant la forcer à y demeurer. Le tableau de ce contraste ne peut être plus frappant. Tandis qu'on ne voit, d'un côté, que confusion, haine et misère ; de l'autre, on voit régner la prospérité, l'ordre et l'union, au sein de l'industrie, de la propreté, de l'abondance, de la tranquillité politique et religieuse, quoique les intérêts locaux d'une partie de ce royaume soient, par leur situation géographique, en opposition avec ceux de l'autre partie, et quoique sa population soit moitié protestante et moitié catholique romaine. Tout s'embellit, tout s'enrichit, tout se perfectionne chez ce peuple heureux ; et ses princes se promènent et se délassent au milieu d'eux, comme les chefs et les membres

Dans cette triste perspective, on tremble en pensant quelles devraient être pour l'Espagne, pour le Portugal, pour l'Europe entière, les conséquences d'une division entre les gouvernemens de la France et de l'Angleterre, s'ils se trouvaient en opposition dans les affaires de la Péninsule. Le tableau des guerres, du désordre, des excès, des rapines, des dévastations et des massacres auxquels on ne pourrait échapper, effraie l'imagination.

Enfin, il n'y a point d'homme réfléchi qui ne voie que ces deux grandes nations sont devenues les dépositaires des intérêts et les garans du salut de l'Europe, et que *l'union de leurs cabinets, d'accord sur les mêmes principes de politique et de gouvernement, est indispensable à la prospérité générale comme à la conservation, sur le continent de l'Europe, des droits des individus, à la liberté légale, à la possession assurée de leurs propriétés, et aux priviléges inhérens à la qualité de citoyen.*

Combien donc n'est-il pas important de con-

---

de la même famille. C'est là qu'ils sont vraiment puissans et grands, parce que l'amour et les bénédictions de leur peuple les entourent.

naître la véritable position relative de ces deux royaumes, de rechercher quelle est la probabilité de leur union plus ou moins durable; ou, au contraire, celle de leur éloignement politique plus ou moins grand; et de bien refléchir sur la convenance des liens qu'on pourrait établir entre eux pour leur avantage mutuel?

La forme de la constitution anglaise n'a point changé depuis plus de cent ans; et, quoique renversée momentanément avant cette époque par un usurpateur hardi, elle fut replacée après sa mort sur la même base de monarchie et de liberté combinées où elle avoit été assise pendant des siècles. Elle est donc mûrie et consolidée par le temps.

Quel est, d'une autre côté, l'état constitutionnel où se trouve la France après une révolution que la Providence a permise, et qui était la punition, comme la conséquence des déréglemens de la cour, de l'avarice de la noblesse et du clergé, de l'ambition sans bornes des hommes de loi, de l'incrédulité des soi-disant philosophes, des vices enfin qui avaient envahi les grands et le peuple? Sommes-nous reconnaissans envers cette même Providence qui nous a enfin sauvés des misères de la guerre extérieure et intérieure, guerre de nations comme d'opinions et de principes, et qui nous a donné une constitution civile dûment organisée, des corps politiques posés sur des bases justes, modérées, et où les pouvoirs bien balancés conservent aux individus leur liberté, protégent leurs propriétés, et reconnaissent leurs priviléges et leurs droits? En outre, nous devons encore aux bontés de cette Providence une agriculture très-florissante, et un commerce qui ne peut manquer de s'étendre, à moins qu'il ne soit restreint par des réglemens prohibitifs et par une fausse politique.

Telle est la situation heureuse de ces deux grandes nations. Et si nous examinons attentivement les bienfaits de Dieu envers elles, nous en remarquerons aussi un grand trait dans les relations d'amitié et de bienveillance réciproques par où elle prépare la voie, nous osons l'espérer, à une union plus intime et peut-être définitivement indissoluble.

Mais en quoi consistent ces relations d'amitié et de bienveillance entre les peuples de la France et de la Grande-Bretagne? Nous allons l'indiquer.

C'est une conséquence qui tient à la nature des gouvernemens arbitraires de séparer les peuples qui y sont soumis, et de les placer dans l'état de jalousie et de contention réciproques ; parce que l'ambition d'acquérir des richesses, de la puissance, des territoires et de la gloire, domine par essence tout pouvoir absolu. Sous un tel gouvernement les peuples sont forcés de suivre les penchans de leurs maîtres : mais les gouvernemens représentatifs, au contraire, portent les nations à se rapprocher, et à former entre elles des liaisons avantageuses et solides.

La grande ressemblance de leurs institutions politiques et libres, dans une monarchie limitée, fait que les deux peuples se trouvent mus par les mêmes intérêts, les mêmes sujets de discussion, les mêmes besoins : leurs vues deviennent les mêmes, ils suivent les mêmes principes, ils honorent les mêmes vertus et les mêmes talens ; ils se trouvent unis de sentimens dans les mêmes dangers, les mêmes désirs, les mêmes espérances, et les mêmes habitudes de penser et d'agir.

Telle est maintenant la situation réciproque de la France et de l'Angleterre, situation tout-à-fait nouvelle depuis leur existence comme nations.

Les productions du territoire et de l'industrie des Français sont, en outre, utiles ou agréables aux Anglais ; et les denrées des régions éloignées, que le commerce anglais vend aux Européens, sont nécessaires à la France. L'une est toute-puissante en Europe par ses armées ; l'autre, par sa marine, maîtresse des mers. Les talens, les connaissances, le capital, l'industrie des uns, deviennent tous les jours plus profitables aux autres.

L'Angleterre, de plus, à cause de sa constitution éprouvée par le temps, et de la liberté plus étendue dont son peuple jouit, a et aura pendant long-temps un ascendant très-fort sur l'esprit des Français, dans toutes les questions politiques. — Cela est tellement vrai, que, si jamais un ministère tel que celui de Richelieu en France voulait tenter de renverser la Charte, il s'efforcerait d'exciter d'abord une guerre contre l'Angleterre, comme mesure préliminaire et indispensable à l'accomplissement de son objet. Du moment que cette guerre aurait lieu, n'importe sous quel prétexte, la liberté du peuple français serait en très-grand danger. Mais les circonstances où se trouvent l'un et l'autre royaume, paraissent avoir préparé un grand événement tout-à-fait opposé, et des plus favorables à leur union, si nous savons saisir le moyen que semble nous offrir la Providence.

La nation anglaise, plus galante que la française envers ses princesses, ne craint pas de les mettre, s'il y a lieu, en possession de l'autorité suprême par le droit de succession, et ne dédaigne pas de servir la patrie sous leurs ordres. C'est une grande prérogative, à laquelle l'homme renonce dans ce cas. — Le devrait-il? ou peut-il s'y prêter sans contrevenir aux devoirs qui lui sont imposés? Obéit-il en cela aux lois et au but de sa création?

C'est une question bien douteuse, bien difficile à résoudre : mais c'est le fait seul qui nous intéresse maintenant; et les Anglais se rappellent avec complaisance les règnes prospères et victorieux d'Elisabeth, de Marie et d'Anne. En appelant Marie au trône, ils établirent dans leur constitution un grand droit; et en l'exerçant ils sauvèrent leur liberté de la puissance arbitraire des Stuarts. Ces souvenirs les attachent encore plus à leurs reines.

Maintenant cette nation est de nouveau à la veille de voir monter sur le trône une jeune princesse, après avoir perdu la princesse Charlotte, sur laquelle la nation entière reposait ses espérances, et le sentiment d'un attachement porté jusqu'à l'enthousiasme.

D'un autre côté, quel est l'attente des Français? Un enfant, donné par la Providence (1), naît dans un berceau baigné par tant de larmes, entouré de tant d'espérances! rejeton illustre d'une lignée de rois, à laquelle les grandeurs et les revers de la nation française se rattachent depuis le commencement de son histoire. Ce rejeton, sorti d'un champ inondé de sang par une révolution affreuse, par une guerre de vingt ans, et par une main rebelle et meurtrière, Dieu l'a sauvé pour consolider la paix de l'Europe, et fortifier l'attachement des Français pour leurs rois.

Une nation aime les jeunes princes; et, tandis que dans un âge tendre ils commencent à déployer leur caractère, elle se forme une image des talens et des vertus nobles les plus élevées, et se plaît à leur attribuer tout ce qu'elle désire trouver en eux dans un âge plus mûr.

Ce fut une politique bien juste et bien sage d'avoir replacé les Bourbons sur le trône de France, lorsque l'homme extraordinaire, dont

(1) Son nom est *Dieudonné*.

la place ne pouvait être remplie, pour le repos de l'Europe, que par une famille qui en dût être le garant, fut déchu de l'empire. Le rétablissement des Bourbons était devenu nécessaire; la liberté et la tranquillité politique en dépendaient : mais aussi l'amour pour cette même liberté, dont l'oubli a déterminé la chute du pouvoir impérial, est indispensable aux bases de leur trône.

Cette dynastie auguste avait régné sur les Français pendant des siècles, avec une puissance devenue presque absolue par la réunion des grands fiefs au royaume de France. Mais cette puissance, chez un peuple qui fut toujours ami de la liberté, n'avait cessé d'être troublée dans son exercice presque à chaque règne, par des dissensions parlementaires, ou par des guerres civiles : et enfin, quoiqu'elle fût tempérée partiellement par des administrations provinciales, ou par le régime municipal, les états-généraux qui avaient été assemblés précédemment pour terminer ou pour prévenir les divisions, finirent par amener une révolution, qui, en arrachant les princes à la France, mit de fortes barrières entre eux et l'attachement de leurs anciens sujets.

Malgré les terribles leçons de l'expérience, comment croire qu'habitués pendant très-long-temps à exercer une si grande autorité, ils puissent maintenant se plaire à ne régner désormais qu'avec un pouvoir limité et restreint par les représentans de leurs propres sujets?

Cependant une garantie légale est aujourd'hui nécessitée, par la force d'une opinion générale plus éclairée, et opposée par principe au régime arbitraire comme au despotisme militaire qu'elle a vaincu. Afin de calmer les craintes des Français, pour lesquels, non plus un sentiment aveugle, mais la raison, fait un devoir de la liberté et de l'attachement à leur prince, il faut qu'ils soient rassurés contre toute tentative ou atteinte pour renverser ou suspendre la Charte (1).

(1) Il est pourtant un fait, c'est que le droit le plus important, celui auquel les Français sont peut-être le plus attachés, celui qui est une sauve-garde pour tous les autres droits, et qu'on avait cru établi par la Charte, ne l'était point en réalité. Nous voulons parler de la liberté de la presse.

Les nombreuses questions qui se sont élevées, les lois qu'on a portées tant pour restreindre, que pour con-

Le trait le plus noble de caractère, chez les rois, est de savoir apprécier en grand la royauté, l'affermir en élevant ses vues, et les remplir pour le bonheur et la paix des peuples.

Quelle heureuse circonstance, lorsqu'ils trouvent entre leurs mains les moyens d'obtenir ce

server ce droit par des modifications qui paraissent indispensables, et enfin la censure qu'on a introduite à l'abri même de cette Charte, ont prouvé que ses dispositions étaient conçues d'une manière vague, contradictoire même, et tout-à-fait insuffisante pour établir la liberté de la presse. Ce défaut, trop grave dans un acte aussi solennel, a entraîné l'inconvénient dangereux de tenir l'esprit public constamment agité; et il ne peut qu'élever encore des questions éternelles entre le ministère et la nation, sur un sujet dont dépend sa liberté toute entière, à moins que les expressions de cette Charte à ce sujet ne soient modifiées. — Voici l'article :

DROIT PUBLIC DES FRANÇAIS.

ARTICLE 8.

« Les Français ont le droit de publier et de faire im-
» primer leurs opinions, en se conformant aux lois qui
» doivent réprimer les abus de cette liberté. »

La deuxième partie de cet article se trouve, évidemment, en contradiction avec la première, si on peut, à l'aide de cette dernière clause, réduire le droit de pu-

résultat, de consolider leur trône, et d'en augmenter l'éclat par des actes qui répandent, non-seulement le calme, mais la joie parmi des nations !

Ne reconnaît-on pas à ces traits l'alliance que nous proposons? Ce n'est rien moins que les familles royales de la France et de l'Angle-

---

blier des journaux et autres ouvrages périodiques à un privilége dépendant de la volonté du ministère, et établir, en outre, une censure, qui empêche à son gré, la publication de telle ou telle partie de ces ouvrages. Car ne serait-ce pas une absurdité, que d'appeler libres des hommes placés dans un état de société, où ils seraient obligés de soumettre le motif de toutes leurs actions à un commissaire de police, avant de pouvoir agir ?

Les remèdes qu'on a portés à ce vice de la Charte par des lois, ne laissent encore à la presse qu'une liberté très-circonscrite, entièrement précaire, et sujète même aux variations momentanées d'une majorité dans les Chambres sur la manière d'interpréter la Charte. — Un objet d'une telle importance ne devrait pas rester dans un état si vacillant. — Nous sommes arrivés à une époque, où la situation de l'esprit public et toutes les circonstances des temps demandent que ce grand droit soit placé en France, comme il l'est en Angleterre, sur des bases inébranlables. — Pour y parvenir, il peut nous être

(35)

terre, des Guelfes et des Bourbons, conjointes par les liens du sang; les Français et les sujets de la-Grande-Bretagne réunis par tous les interêts de législation, de commerce, de parenté, et possédant définitivement un même roi.

S'il y a quelque particulier, parmi ces deux peuples, qui s'intéresse peu à leur puissance,

utile de jeter un coup-d'œil sur la législation anglaise concernant ce même objet.

Dans ce royaume la presse jouit d'une liberté bien plus étendue qu'en France. — Cependant on ne voit pas qu'elle ait porté atteinte aux mœurs, ni mis des obstacles soit à la force du pouvoir exécutif, soit aux opérations de l'administration civile. — Nous osons même dire que le gouvernement n'en est que plus ferme, parce qu'il est moins exposé aux complots secrets des mécontens et des malintentionnés, provoqués à ces manœuvres par la difficulté d'exposer leurs idées au public. — Examinez, vous mêmes, et dites si vous n'aimeriez pas mieux voir à découvert toutes les pensées de vos amis et de vos ennemis, et si votre conservation ne serait pas bien plus protégée dans le cas où vous pourriez suivre graduellement la trace de tous les changemens qui se font dans leurs esprits à votre égard?

La législature anglaise a été si jalouse de ce droit essentiel, elle en a senti si fortement tous les avantages qui en dérivent pour le corps politique et social, que non-seulement elle a rejeté constamment toute tenta-

à la grandeur de leur caractère, soit national soit individuel; à l'accroissement de l'industrie, des beaux-arts, des sciences; à la paix politique et religieuse du christianisme; au maintien des gouvernemens représentatifs et libres; au bien-être enfin des nations et des hommes, qu'il ose se refuser, s'il le peut, à cette union,

tive de restreindre la liberté de la presse avant publication, mais qu'elle a même, dans le dernier siècle, porté une loi dont le but est de revêtir le jury du pouvoir qui avait été auparavant exercé par les juges de décider sur la nature des publications portées devant les tribunaux; savoir: Si telle ou telle publication est, ou n'est pas un des abus de la liberté de la presse, suivant *les lois qui les ont constatés et spécifiés.*

Fox et Erskine vivront à jamais dans la mémoire pour avoir, dans cette occasion, défendu les droits du jury, l'un dans le Parlement, l'autre devant les tribunaux.

Si les Français veulent donc être rassurés sur la liberté de la presse, ils doivent désirer,

1° Que toute restriction soit ôtée à la publication de journaux et autres ouvrages périodiques; que les réglemens qui limitent la jouissance de ce privilége soient annulés; et qu'il soit déclaré qu'on ne peut établir la censure sans contrevenir directement aux dispositions de la Charte.

On pourrait obtenir ces avantages en modifiant ainsi l'article 8 de la Charte:

qui paraît avoir été préparée par la main prévoyante et bienfaitrice de la Divinité.

Des politiques à vue bornée, des religionnaires timides ou hypocrites, voudraient peut-être, par des réflexions d'un intérêt faux ou spécieux, élever des difficultés contre une alliance semblable. Mais si un esprit juste exa-

« Les Français ont le droit de publier et de faire imprimer leurs opinions, sans aucune restriction ; sauf à être judiciairement responsables, suivant les lois, des abus qu'ils pourraient faire de cette liberté. »

2° Il paraît aussi indispensable que toute décision devant les tribunaux, sur les abus de la presse, soit portée par le jury, et non par les juges, parce que les questions de cette nature sont des questions de fait, pareilles à celles de tout acte criminel ; le pouvoir des juges dans ces cas devant de même être limité à l'application des peines ordonnées par les lois, après que l'existence et la nature du délit ont été déterminées par le jugement du jury.

Le bon esprit dont la magistrature est animée aujourd'hui, peut bien, momentanément, nous rendre moins sensibles à la nécessité de cette précaution; mais les objets majeurs, dans les intérêts d'une nation libre et éclairée, doivent être assis sur des bases législatives et permanentes, au lieu d'être sujets à des circonstances éventuelles et précaires.

mine avec sincérité les avantages incalculables d'une telle alliance, tous ces obstacles suscités par la passion ou par le préjugé ne tarderont pas à disparaître, comme ces vapeurs ou ces nuages que chasse l'aquilon ou que dissipe la lumière. — Il reste alors en vue le plus bel empire *continental et maritime* qui existe au monde, sans en excepter l'empire romain. — L'homme extraordinaire dont nous avons parlé, voulut en créer une image en Europe : mais les moyens militaires qu'il employa, provoqués sans cesse par les résistances de plus en plus opposées à son pouvoir, ne pouvaient le conduire à l'accomplissement de ses projets. L'époque des grandes conquêtes européennes est passée ; et l'épée n'est pas un instrument de réunion, mais de démembrement.

Arrêtons-nous ici, un instant, pour contempler deux grands États réunis sous la même couronne : le beau territoire de la France, et ces Iles-Britanniques, riches de tout ce que la nature ou l'art peuvent verser d'utile ou d'agréable entre les mains d'un peuple industrieux, entreprenant, infatigable ; plus de cinquante millions de sujets en Europe, et bien au-delà de soixante en Asie, en Afrique, en Amérique ;

tant de peuplades diverses parlant mille langues différentes ; des productions sans nombre de tous les climats du monde ; l'industrie, les habitudes, les institutions, les préjugés mêmes de ces peuples de l'Asie qui prennent leurs racines dans les histoires les plus reculées et les plus illustres, et qui rendraient hommage au pied du même trône ; une ardeur de courage, une fermeté persévérante et indomptable ; la vivacité et la solidité d'un caractère également noble ; les qualités les plus brillantes, et les vertus les plus sévères, réunies dans ces deux nations sœurs, qui n'en feraient plus qu'une ! Peut-on être indifférent à l'aspect de ce tableau imposant, unique, et aussi éclatant que véritable, si une telle réunion s'effectue, et si notre épigraphe, *Terræ marisque connubium*, vient à être réalisée ?

Dans leur état actuel, ces deux grandes nations, chacune d'une force colossale, ne laissent pas pourtant d'avoir dans leurs corps politiques quelques plaies qui pourraient par la suite devenir dangereuses, et qui ne cessent d'être pénibles en tout temps.

La France voit son commerce maritime presque réduit à rien, faute de colonies ; et dans son intérieur, comme nous l'avons déjà remarqué, des craintes, des méfiances très-inquiétantes existent, sur lesquelles il serait inutile, et même blâmable, de s'aveugler, au lieu de s'empresser de les écarter.

L'Angleterre, de son côté, a bien raison de s'alarmer des progrès d'une puissance très-guerrière et non moins ambitieuse, qui paraît prête à se déborder des contrées glacées du nord sur l'Europe et l'Asie. Du moment que les Russes seraient entièrement relevés du joug de l'esclavage, ils deviendraient formidables à l'une et à l'autre. Et des voyageurs modernes nous ont fait connaître qu'une marche de troupes, des bords de la Russie aux possessions de la compagnie des Indes, quoique longue et pénible, ne serait point impraticable, ni d'un succès douteux, si elle était conduite avec prévoyance. L'Angleterre doit donc sentir la nécessité dont il est pour elle, de pouvoir susciter à la Russie une puissante diversion en Europe: ce qui ne serait guère possible, sans une liaison très-intime avec la France.

Sur tout autre point de ses relations coloniales l'Angleterre paraît invulnérable, excepté dans ses possessions au nord de l'Amérique, qui ne sont point d'une importance nécessaire à sa vie politique. Mais la situation déplorable de l'Irlande place le cabinet et la législature anglaise dans un labyrinthe de difficultés qui est entouré de dangers de tous côtés. — L'état affligeant de cette province prouve, 1° la vérité de cet axiome, que quand un peuple devient le conquérant d'un autre, et qu'il porte la cupidité et l'injustice jusqu'à s'emparer des possessions territoriales des individus, il jette entre les deux nations les semences d'une haine éternelle; 2° qu'aucun peuple ne doit, et ne peut payer à la fois deux établissemens religieux.

La dîme est toujours un établissement très-onéreux, parce qu'il pèse inégalement sur les possessions territoriales, qui, étant plus ou moins bonnes, font que l'impôt devient absolument ruineux pour celles qui sont inférieures. — Cet impôt était bien adapté dans son origine à un peuple de pasteurs; mais il ne peut convenir aux nations européennes, qui sont de nos jours toutes agricoles. — Et comment exiger de la population irlandaise, évidemment augmentée au-delà des limites nécessaires pour sa subsistance, même dans un état de misère, qu'elle paie la dîme à un établissement religieux qui ne lui appartient pas, outre ce qu'elle paie au sien, qui l'attache d'autant plus, que son histoire est liée avec les revers, les souffrances, les spoliations, auxquels ce peuple malheureux fut assujéti.

L'union de la France et de la Grande-Bretagne sous une même couronne, nourrirait, dans tout ce vaste empire, un sentiment de philanthropie plus grand envers la nation irlandaise, et soulagerait de beaucoup sa population en lui offrant un débouché dans les armées et la marine, et dans les établissemens civils et religieux, comme dans les professions de commerce et d'industrie sur le continent de la France, tandis que la force de la puissance exécutive en serait raffermie contre les turbulens et les malintentionnés, qui manqueraient alors de toute expectative d'appui.

Pour montrer en détail comment l'union que nous venons de proposer de ces deux premières nations de l'Europe sous un même pouvoir administratif, conduirait à les rassurer toutes deux contre leurs craintes, et à les guérir de leurs plaies, ce ne serait pas trop d'un ouvrage développé avec quelque étendue ; mais ce que nous avons rapidement indiqué doit suffire pour convaincre de l'utilité politique de l'union proposée, toute personne qui voudra porter sa pensée sur ce grave sujet, sans préjugé ni prévention.

La France et la Grande-Bretagne, une fois réunies, n'auraient plus rien à redouter relativement à leur liberté intérieure et à leurs ennemis extérieurs. Leur agriculture parviendrait au plus haut degré de prospérité; et leur commerce dominerait la terre.

Ce serait un sujet de méditations sérieuses pour les hommes d'état et les législateurs de déterminer les moyens de placer l'administration exécutive de cet empire, sur une base d'unité dans toutes ses ramifications, s'il était possible, et de juger de la nécessité de faire marcher séparément les corps législatifs, et quelques autres établissemens civils. Les circonstances et l'expérience viendraient par la suite au secours des réflexions mûries par les publicistes. Mais si on voulait nous faire croire que toute union entre la France et la Grande-Bretagne par les liens du mariage de leurs princes, est impraticable, vu la différence des religions dominantes, des intérêts commerciaux et des usages politiques de ces deux nations, on ne chercherait qu'à nous tromper sur leurs grands intérêts, leur bonheur et leur gloire.

La raison d'état, qui finit par se diriger d'après les lois de la morale par la force de l'opinion plus généralement éclairée, peut autoriser des vues aussi éminemment utiles aux plus grands intérêts du genre humain, en exigeant, s'il était nécessaire, le sacrifice d'autres considérations d'une importance bien moindre et partielle.

L'esprit général, qui est une suite des progrès de la raison, et qui règne parmi les véritables chrétiens, se porte, de notre temps, à un rapprochement heureux, et des plus désirables. Des partis opposés ont beau s'efforcer de l'arrêter dans sa marche; leurs tentatives seront inefficaces, car elle est tracée dans les plans d'une Divinité bienveillante; elle est dirigée par la charité du Christ, de ce divin Rédempteur qui prêche la paix, et qui l'inspire, en recevant nos communs hommages.

Les moyens du Tout-Puissant sont impénétrables à l'homme : en cela même il a prouvé sa grande bonté envers nous et sa sagesse infinie. Qui sait donc quelles sont les voies qu'il a préparées pour ramener les différens troupeaux de ses brebis au même bercail, puisqu'ils reconnaissent tous le même divin Pasteur ?

Dieu préservateur de l'existence des nations, dont vous êtes le chef suprême; qui recevez nos sermens en tout acte, en tout contrat privé et public, et qui en avez ordonné la sainteté et l'inviolabilité, entendez nos supplications, et exaucez nos vœux ! Que votre nom soit glorifié dans les divers cultes par une fidèle observance de toutes vos lois ; par un concert de louanges et de prières dans toutes les langues, sur la terre et les mers, et par un hommage universel d'action et de pensée, dans l'union et la paix fraternelle et chrétienne !

EXTRAIT DU CATALOGUE

DE LA LIBRAIRIE

PONTHIEU ET CIE.

APERÇU SUR LES HIÉROGLYPHES D'ÉGYPTE, et les Progrès faits jusqu'à présent dans leurs déchiffremens; par M. Brown, trad. de l'anglais; avec un plan représentant les alphabets égyptiens. Un volume in-8, grand-raisin. 1827. 4 fr. 50 c.

ANNUAIRE ANECDOTIQUE, ou Souvenirs contemporains.
    L'année 1826, 2e édition, in-18. 4 fr.
    L'année 1827, 2e édition, in-18. 4 fr.

ANNUAIRE NÉCROLOGIQUE, ou Complément annuel et continuation de toutes les Biographies et Dictionnaires historiques, contenant la vie de tous les hommes remarquables par leurs actes ou par leurs productions, morts dans le cours de chaque année, à commencer de 1820; rédigé et publié par A. Mahul. In-8, orné de portraits.
    1re année, pour 1820. 5 fr. »
    2e année, pour 1821. 7 fr. 50 c.
    3e année, pour 1822. 7 fr. 50 c.
    4e année, pour 1823. 8 fr. »
    5e année, pour 1824. 8 fr. »
    6e année, pour 1825. 8 fr. »

BIOGRAPHIE DES CONTEMPORAINS; par Napoléon. 1826. Un volume in-8. 6 fr.

BIOGRAPHIE DES QUARANTE DE L'ACADÉMIE FRANÇAISE, 2e édition, 1826. Un vol. in-8. 6 fr.

CONSIDÉRATIONS HISTORIQUES ET POLITIQUES sur la Russie, l'Autriche, la Prusse et l'Angleterre; sur les rapports de ces puissances avec la France; par M. J. Aubernon. 1827. 3e édition, revue et augmentée. Un volume in-8. 4 fr.

CONSPIRATION DE RUSSIE, rapport de la Commission d'enquête de Saint-Pétersbourg à S. M. l'empereur Nicolas Ier, sur les sociétés secrètes découvertes en Russie, et prévenues de conspiration contre l'État ; sur leur origine, leur marche, le développement successif de leurs plans, le degré de participation de leurs principaux membres à leurs projets et à leurs entreprises, ainsi que sur les actes individuels de chacun d'eux, et sur ses intentions avérées. 1827. 2ᵉ édition, in-8. 3 fr.

HISTOIRE DES CROISADES ; par M. Michaud ; 4ᵉ édition, 8 volumes in-8, avec cartes. 64 fr.

HISTOIRE DE L'ÉMIGRATION, de 1789 à 1825 ; par Montrol. In-8. 6 fr.

HISTOIRE GÉNÉRALE DE NAPOLÉON BONAPARTE, de sa vie privée et publique, de sa carrière politique et militaire, de son administration et de son gouvernement ; par l'auteur des Mémoires sur le Consulat.

Cet ouvrage formera environ 12 volumes in-8, qui paraitront par livraison de deux volumes tous les deux mois. prix de la livraison. 14 fr.

HISTOIRE DES RÉVOLUTIONS POLITIQUES ET LITTÉRAIRES DE L'EUROPE, AU DIX-HUITIÈME SIÈCLE ; par F.-G. Schlosser, professeur d'histoire à l'Université d'Heidelberg, traduite de l'allemand, par W. Suckau. 2 volumes in-8. 13 fr.

HISTOIRE DE JEAN VI, ROI DE PORTUGAL, depuis sa naissance jusqu'à sa mort, en 1826 ; avec des particularités sur sa vie privée et sur les principales circonstances de son règne. 1827. Un volume in-8. 3 fr.

LETTRES DE LA MARQUISE DU DEFFAND A HORACE WALPOLE, depuis comte d'Orford, écrites dans les années 1766 à 1780, auxquelles sont jointes des lettres de madame du Deffand à Voltaire, écrites dans les années 1759 à 1775 ; publiées d'après les originaux déposés à Strawberry-Hill. Nouvelle édition, augmentées des Lettres d'Horace Walpole. 1827. 4 vol. in-8, portrait. 24 fr.

MANUEL DIPLOMATIQUE, ou Précis des droits et des fonctions des agens diplomatiques, suivi d'un Recueil d'actes et d'offices, pour servir de guide à ceux qui se destinent à la carrière diplomatique ; par le baron Charles de Martens. Un volume in-8. 7 fr.

www.ingramcontent.com/pod-product-compliance
Lightning Source LLC
Chambersburg PA
CBHW062011070426
42451CB00008BA/629